Zur Lehre

von den

Rechten des Pfandgläubigers

an den

Früchten der verpfändeten Sache.

Eine Studie aus der Praxis.

Von

Reinhold Johow,

Ober-Tribunals-Rath.

(Separat-Abdruck aus der Zeitschrift für Gesetzgebung und Rechtspflege.)

Berlin.

Verlag von J. Guttentag.

1871.

In einem bei dem K. Ober-Tribunale unlängst verhandelten Prozesse war eine nach Preußischem Recht zu entscheidende Frage aus der Lehre von den Rechten des Pfandgläubigers an den Früchten der verpfändeten Sache streitig geworden, welche nach der besondern Lage des Falles in höchster Instanz unentschieden bleiben konnte und geblieben ist, uns aber bei näherer Beschäftigung mit derselben praktisches und theoretisches Interesse, insbesondere auch für die im Flusse befindliche Hypotheken-gesetzgebung, in hinreichendem Maße zu bieten schien, um öffentlich erörtert zu werden.

Ein Hypothekengläubiger hatte Kartoffeln mit Beschlag belegen lassen, welche auf dem ihm zur Hypothek bestellten Landgute geerntet waren und auf dem Felde in Miethen lagerten. Der Eigenthümer des Gutes hatte die Kartoffeln aber bereits verkauft, und der Käufer verklagte den Hypothekengläubiger um Aufhebung der Beschlagnahme mit der Behauptung, daß vor derselben auch die Uebergabe der Kartoffeln an ihn bereits geschehen sei, und er hiedurch das pfandfreie Eigenthum daran erlangt habe. Der Beklagte entgegnete, dieser Umstand stehe seiner Befriedigung aus den Kartoffeln, da sie noch auf dem Gute befindlich, nicht entgegen, und zwar auch dann nicht, wenn es unerwiesen bleiben sollte, daß die in Beschlag genommenen Kartoffeln zu den unentbehrlichen Wirthschaftsvorräthen des Gutes im Sinne des §. 49 I. 2 A. L.-R. gehörig und deshalb Pertinenz des Gutes gewesen.

Ist diese Meinung begründet? In dem betreffenden Falle hatten die Richter erster und zweiter Instanz die Frage bejaht, wir glauben sie verneinen zu müssen. Unter den Theoretikern des Preußischen Rechts herrscht hierüber die bunteste Meinungsverschiedenheit. Auch in der Gesetzgebung ist über die Entscheidung der Frage ein noch nicht ausgetragener Streit entbrannt.

Man hatte sich für die Meinung des Hypothekengläubigers auch auf angebliche Grundsätze des gemeinen Rechts berufen, welche in das Landrecht übergegangen seien, und da auch Schmidt (Grundsätze des gemeinen und preuß. Pfandrechts) für unsere Frage Uebereinstimmung des gemeinen (Römischen) und des Preußischen Rechts behauptet, unter allen Umständen aber die Vergegenwärtigung der einschlagenden Grundsätze des Römischen Rechts die Erkennung der entscheidenden Gesichtspunkte auch für das Preußische Recht fördert, so betrachten wir

I,

welche Rechte das Römische Recht dem Pfandgläubiger an den Früchten der verpfändeten Sache gewährt. Leider ist auch unter den Romanisten in dieser Lehre Streit an allen Enden, was übrigens nicht befremden kann, da die bezüglichen Aussprüche in den Quellen vielfach an Dunkelheit leiden und zu Mißverständnissen fast einladen. Die neueren Forschungen, insbesondere seit den scharfsinnigen Untersuchungen Warnkönigs im 22. uud Franckes im 30. Bande des Archivs für civ. Pr., haben indessen in alle Winkel hineingeleuchtet und dem Praktiker die Bildung eines eigenen Urtheils erleichtert. Für unsern Zweck wird es ausreichen, die von uns für richtig erachteten Rechtssätze aufzustellen und sie mit Hinweis auf die Quellen und die unserer Auffassung zur Seite stehenden Autoritäten kurz zu begründen; es kann insbesondere nicht die Absicht sein, die abweichenden Ansichten eingehend zu beleuchten und zu widerlegen. Wir entnehmen dem Römischen Rechte folgende Sätze:

1) Die Früchte einer verpfändeten Sache gelten, wenn es nicht ausdrücklich geschehen, stillschweigend für mitverpfändet. L. 3 C. in quibus causis pignus (8, 15):

> Quamvis fructus pignori datorum praediorum, etsi id aperte non sit expressum, et ipsi pignori credantur tacita pactione inesse.

L. 1 C. de partu pign. (8. 25).:

> Partus pignoratae ancillae in pari causa esse, qua mater est, olim placuit.

Die Richtigkeit dieses ehedem allgemein anerkannten Grundsatzes ist zwar von Warnkönig (a. a. O. S. 403) nicht ohne Zustimmung Anderer (z. B. Puchta Pand. §. 203, Janke, der Fruchterwerb des redl. Besitzers u. des Pfandgläub. S. 169) bekämpft, Francke hat indessen (a. a. O. S. 157) die dabei untergelaufenen Irrthümer überzeugend nachgewiesen und die alte Lehre neu befestigt. Warnkönig war dadurch stutzig geworden, daß nach dem Zeugniß der Quellen, z. B. l. 1 §. 2 D. de pign. (20, 1,) l. 29 §. 1 ibid., nicht selten die Früchte ausdrücklich mitverpfändet wurden; er schloß hieraus, daß dies eine besondere Wirkung haben müsse. Es wird aber häufig in Verträgen ausdrücklich bestimmt, was auch ohnedies Rechtens ist, sodann haben sich in der Geschichte des Römischen Rechts oft Sätze, welche bei einer Vertragsart zur stehenden Klausel geworden waren, zu Rechtssätzen, die sich stillschweigend verstehen, entwickelt, ohne deshalb später aus den Verträgen zu verschwinden. Gegen W.'s Berufung auf Pauli sent. Lib. II. tit. 5 §. 2, wie diese Stelle in der Lex Romana Visigothorum reproduzirt ist, hat Francke gezeigt, daß bei dieser Reproduktion ein Mißverständniß untergelaufen sein müsse, da der Ausspruch mit sonstigen Ansichten des Paulus (z. B. l. 29 §. 1 D. de pign.) im Widerspruch steht, daß aber auch abgesehen hiervon für das Justinianische Recht die oben citirten ausdrücklichen Bestimmungen des Codex maßgebend sein müssen. Vergl. auch Windscheid Pand. I. §. 226a. S. 649.

2) Ein selbständiges Pfandrecht an den Früchten entsteht aber erst mit der Absonderung. Bis dahin ist die Frucht — nicht Theil der fruchtbringenden Sache, wie Viele (neuerdings besonders Göppert, über die organischen Erzeugnisse) behaupten; durch Aberntung der Frucht wird doch das Landgut nicht parzellirt, durch Werfen des Kalbes die Kuh nicht getheilt! — wohl aber substantiell mit der fruchtbringenden Sache verbunden, bildet mit ihr ein und dieselbe Sache, kann also nicht besonderes Rechtsobjekt sein. Wird im Voraus über sie verfügt, so ist sie als res futura Gegenstand der Abmachung. L. 25 §. 6 D. quae in fraudem credit. (42, 2); l. 15 pr. D. de pignor. (20, 1); l. 11 §. 3 D. qui potior. (20, 4).

An diesen Rechtssatz knüpft sich ein noch heute fortdauernder Streit. Da man an einer Sache einem Andern wirksame Rechte nur einräumen kann, wenn man Eigenthümer der Sache ist oder wird, so entsteht durch die Verpfändung der Hauptsache ein wirksames Pfandrecht an den Früchten nur, sofern der Verpfänder Eigenthümer der Früchte wird. In welchem Zeitpunkte erlangt man aber das Eigenthum an der Frucht? Bei der Entstehung derselben, antworten die Einen (Westphal vom Pfandrecht §. 17, Mühlenbruch Pand. II. §. 316 Note 3, Huschke Studien des Römischen Rechts I. S. 368, neuerdings Janke a. a. O. S. 244 ff. und Göppert a. a. O. Abschn. 3 §. 1). Bei der Absonderung der Frucht, antworten die Andern und leiten daraus den Rechtssatz ab: das Pfandrecht an der Frucht entsteht nur, wenn die Frucht zur Zeit der Absonderung in das Eigenthum des Verpfänders oder seiner Erben fällt. Dieser ausführlich von Francke a. a. O. S. 180 ff. und neuerlich von Windscheid a. a. O. S. 649 vertheidigten Ansicht beipflichtend heben wir in Kürze folgende Beweismomente hervor. Vor Allem fällt die ausdrückliche Vorschrift der l. 29 §. 1 D. de pign. (20, 1) ins Gewicht:

> Si mancipia in causam pignoris ceciderunt, ea quoque, quae ex his nata sunt, eodem jure habenda sunt; quod tamen diximus, etiam agnata teneri, sive specialiter de his convenerit, sive non, ita procedit, si dominium eorum ad eum pervenit, qui obligavit, vel heredem ejus; ceterum, si apud alium dominum peperint, non erunt obligata.

Hier ist es klar ausgesprochen, daß bei der Verpfändung eines Viehinventariums das Pfandrecht an den erst später das Licht der Welt erblickenden Jungen, selbst wenn dieselben ausdrücklich mitverpfändet sind, nur dann wirksam wird, wenn das Junge bei dem Verpfänder oder seinem Erben, nicht bei einem Andern, geboren wird. Diese Stelle ist von Göppert bei der Besprechung der Verpfändung hängender Erzeugnisse (S. 234 ff.) nicht berücksichtigt, sonst würde er auch die l. 15 pr. D. h. t. nicht für seine Meinung haben anführen können. Sie lautet:

> Et quae nondum sunt, futura tamen sunt, hypothecae dari possunt, ut fructus pendentes, partus ancillae, fetus pecorum et ea quae nascuntur sint hypothecae obligata; idque servandum est, sive dominus fundi convenerit aut de usufructu, aut de his quae nascuntur, sive is, qui usumfructum habet, sicut Julianus scribit,

Göpperts Ausführung beruht auf dem Satze, daß hängende Erzeugnisse in bonis des Verpfänders seien und es genüge: cum conveniebat, rem in bonis debitoris fuisse. Da man aber Dinge, „quae nondum sunt," auch unmöglich in bonis haben kann, so ergiebt sich mittelbar auch aus l. 15, was l. 29 unmittelbar ausspricht, daß man nämlich hängende Früchte wie andere res futurae zwar gültig verpfänden könne, das Pfandrecht aber nur dann wirksam werde, wenn das Eigenthuum der Frucht bei der Trennung an den Verpfänder gelangt. Die älteren Vertheidiger der von Göppert vertretenen Meinung legten das Hauptgewicht auf l. 11 §. 3 D. qui pot. (20, 4):

> Si de futura re convenerit, ut hypothecae sit, sicuti est de partu, hoc quaeritur, an ancilla conventionis tempore in bonis fuit debitoris, et in fructibus, si convenit, ut sint pignori,

aeque quaeritur, an fundus vel jus utendi fruendi conventionis tempore fuerit debitoris.

Francke hat indessen (a. a. O. S. 180 ff.) außer Zweifel gestellt, daß diese Stelle nach dem Zusammenhange, in welchem sie steht, nicht von der Wirksamkeit sondern von der Priorität des Pfandrechts handelt; er interpretirt sie dahin, daß sie die Priorität unter Voraussetzung der eingetretenen Wirksamkeit des Pfandrechts nach dem Zeitpunkt der Verpfändung normirt, es also in Betreff der Priorität so gehalten wissen will, als ob das Pfandrecht schon zur Zeit der Verpfändung entstanden wäre. Daß die Stelle nur auf die Priorität zu beziehen, giebt auch Göppert zu; wenn er sie im Uebrigen zu Gunsten seiner Ansicht auslegt, so ist zu erwidern, daß die Stelle bei ihrer Unklarheit entscheidende Momente weder für die eine noch für die andere Ansicht hergiebt, nach der ungezwungenen Franckeschen Interpretation aber mit der von uns für richtig erachteten Ansicht nicht in Widerspruch steht.

3) Das unter diesen Voraussetzungen dem Hypothekengläubiger an der abgesonderten Frucht zustehende Recht ist eine selbständige Hypothek an der Frucht, wird also durch keinen Besitz- oder Eigenthumswechsel seiner dinglichen Wirkung beraubt. Dem Hypothekengläubiger steht somit die vindicatio pignoris gegen den Käufer der Frucht zu, mag dieselbe noch auf dem Gute sich befinden oder nicht.

4) Das Klagerecht des Pfandgläubigers gegen den Besitzer der verpfändeten Sache geht auf Herausgabe derselben in dem nämlichen Umfange wie bei der rei vindicatio, also insbesondere: cum omni causa. Hierzu gehören:

a) die bei der Litiskontestation noch nicht perzipirten Früchte, weil sie mit der vindizirten Sache noch substantiell vereinigt sind, mit ihr noch eine und dieselbe Sache bilden.

b) nach positiver gesetzlicher Vorschrift auch perzipirte Früchte, sofern sie an Stelle des Verpfänders von einem gutgläubigen Besitzer der vindizirten Sache perzipirt und bei der Litiskontestation noch im Besitze des Verklagten, von ihm noch nicht konsumirt sind. Hiermit hat es folgende Bewandniß. Durch die Trennung von der fruchtbringenden Sache wird die Frucht eine Sache für sich, welche die rechtlichen Schicksale jener nicht mehr theilt, also auch von der vind. pignoris der fruchtbringenden Sache nicht mehr mit ergriffen wird, vielmehr nur soweit, als an ihr ein selbstständiges Pfandrecht wirksam geworden, vindizirt werden kann. Wirksam wird das Pfandrecht an der separirten Frucht, wie wir gesehen haben, nur dann, wenn sie bei der Separation Eigenthum des Verpfänders oder seines Erben werden. Ist die verpfändete Sache inzwischen Eigenthum eines Andern geworden, so sind die von diesem perzipirten Früchte sein pfandfreies Eigenthum geworden, können also weder zusammen mit der fruchtbringenden Sache noch besonders Gegenstand der vindicatio pignoris sein. Dasselbe gilt von den Früchten, welche von einem zum Fruchtgenuß berechtigten Nichteigenthümer, z. B. von dem Usufruktuar oder dem Pächter, perzipirt sind, da auch diese Früchte von dem Pfandrecht, welches an der fruchtbringenden Sache von dem Eigenthümer derselben bestellt ist, nicht wirksam ergriffen werden. Wenn der Verpfänder zwar Eigenthümer der fruchtbringenden Sache geblieben, der Besitz derselben aber an einen bonae fidei possessor gediehen ist, so sind die von dem Letzteren perzipirten Früchte, da derselbe nach der richtigen Entscheidung dieser berühmten Kontroverse[1]) Eigenthum an diesen Früchten erworben hat, dieselben also nicht in das Eigenthum des Verpfänders gelangt sind, dem Pfandgläubiger nicht haftbar. L. 1. §. 2 D. de pign.:

> Quum praedium pignori daretur, nominatim, ut fructus quoque pignori essent, convenit; eos consumtos bona fide emtor utili Serviana restituere non cogetur; pignoris etenim causam nec usucapione perimi placuit, quoniam quaestio pignoris ab intentione dominii separatur; quod in fructibus dissimile est, qui nunquam debitoris fuerunt.

(Wenn Jemand ein verpfändetes Grundstück, dessen Früchte ausdrücklich mit verpfändet sind, bona fide gekauft hat — scil. ohne das Eigenthum erworben zu haben, so daß er das Grundstück nur bona fide besitzt, — so kann er zum Ersatz der konsumirten Früchte nicht angehalten werden, denn wenn auch die Pfandhaft durch Ersitzung nicht untergeht, weil die Pfandfrage von der Absicht Eigenthümer zu sein nicht berührt wird, so kommt es doch hierauf bei solchen Früchten nicht an, welche niemals Eigenthum des Verpfänders geworden. — Vergl. hierüber Francke a. a. O. S. 182 ff.) Wie aber der bonae fidei possessor dem die Sache vindizirenden Eigenthümer die bei der Litiskontestation noch nicht konsumirten Früchte (fructus extantes), obgleich er das Eigenthum derselben erworben, als omnis causa der vindizirten Sache herausgeben muß — l. 22 C. de rei vind. (32, 22) —, so hat er sie auch dem Pfandgläubiger herauszugeben. Hierbei hat jedoch der

---

[1]) Wir folgen der unseres Erachtens trotz aller Anfechtung nicht widerlegten Ansicht von Backe, bon. fid. possessor, quemadmodum fructus suos faciat', 1825. Vergl. Pagenstecher, vom Eigenthum Bd. 2 S. 101 N. 2, der moderne Irrlehren widerlegt, und über die Literatur dieser Kontroverse Förster Preuß. Privatrecht Bd. 3, 11. Aufl., S. 115 N. 20.

Gesetzgeber mit Rücksicht darauf, daß sich das Interesse des Pfandgläubigers an der Herausgabe der Sache auf seine Befriedigung aus dem Erlöse derselben beschränkt, bestimmt, daß der bonae fidei possessor dem Pfandgläubiger die fructus extantes nur herauszugeben hat, wenn und soweit nach Befinden des Richters die Sache ohne diese Früchte zur Deckung des Pfandgläubigers nicht ausreicht. L. 16 §. 4 D. de pign.;

> Interdum etiam de fructibus arbitrari debet judex, ut ex quo lis inchoata sit, ex eo tempore etiam fructibus condemnet. Quid enim, si minoris sit pretium, quam debetur? nam de antecedentibus fructibus nihil potest pronuntiare, nisi extent. et res non sufficit.

Fructus extantes stehen im Gegensatz zu consumti. Zu den Letzteren gehören aber nicht bloß die buchstäblich verzehrten, sondern auch die veräußerten (Leyser spec. 99 med. 4: consumtos, tametsi ex illis locupletior factus sit; v. Wernher sel. obs. for. 1, 1. obs. 318). Der Hypothekengläubiger hat daher in Betreff der von dem bonae fidei possessor perzipirten und veräußerten Früchte kein Klagerecht, und zwar weder gegen den bon. fid. possessor, da derselbe die Früchte nicht mehr besitzt auch nicht sich derselben dolos entäußert hat (Erforderniß der vindicatio pignoris sowohl als rei), noch gegen den dritten Erwerber der Frucht. Dies nimmt auch Göppert an, obgleich er zu denen gehört, welche dem bon. fid. possessor an den von ihm perzipirten Früchten nicht Eigenthum sondern nur Usucapionsbesitz zuschreiben (a. a. O. S. 354 ff.); vergl. im Uebrigen Pagenstecher a. a. O. S. 101 N. 2, insbesondere dessen Widerlegung der Annahme Windscheids, daß die Frucht gegen den Dritt-Erwerber unter Umständen vindizirt werden könne. —

Bei der Anwendung der hier entwickelten Grundsätze des Römischen Rechts auf den besonderen Fall, der zu dieser Studie Anlaß gegeben hat, ergeben sich folgende Unterscheidungen:

a) Waren die Kartoffeln von dem Verpfänder oder seinem Erben perzipirt, so sind sie mit dem Pfandrecht des Gläubigers behaftet und der Käufer derselben kann ihrer Herausgabe zur Befriedigung des Pfandgläubigers nicht widersprechen, auch wenn sie ihm schon übergeben sind und er Eigenthümer derselben geworden ist.

b) Unbegründet ist der Widerspruch des Käufers der Kartoffeln auch dann, wenn dieselben von einer Person perzipirt und verkauft sind, die dem Verpfänder gegenüber das Landgut mala fide besitzt, da eine solche durch das Ernten der Kartoffeln das Eigenthum derselben nicht sich sondern dem Verpfänder erworben hat, also auch dem Käufer Eigenthum an den Früchten nicht gewähren konnte.

c) Dagegen würde der Käufer der Kartoffeln der Beschlagnahme mit Recht widersprechen, wenn ihm dieselben verkauft und übergeben sind von einem Solchen, welcher seit der Verpfändung entweder Eigenthümer oder dem Verpfänder gegenüber bonae fidei possessor des Landgutes geworden ist und als solcher die Kartoffeln geerntet hat, da in beiden Fällen der Käufer pfandfreies Eigenthum an den Kartoffeln erworben hat.

In allen Fällen macht es keinen Unterschied, ob die Kartoffeln sich zufällig noch in den räumlichen Grenzen des Gutes befinden.

II.

Wie steht die Sache nun nach Preußischem Recht? Schon in der Grundlage im geraden Gegensatze zum Römischen Rechte. Die durch Perzeption zu selbstständiger Existenz gelangte Frucht ist eine bewegliche Sache. Nach Römischem Recht kann sowohl mit beweglichen wie mit unbeweglichen Sachen Hypothek bestellt werden, also auch an perzipirten Früchten eine Hypothek mit voller dinglicher Wirkung gegen jeden Dritterwerber derselben entstehen. Nach dem Preußischem Recht giebt es an beweglichen Sachen nur Faustpfand, keine Hypothek (L. R. I. 20 §. 390). Die Redaktoren des Landrechts können daher nicht beabsichtigt haben, die Grundsätze des R. R. über die Erwerbung einer selbstständigen Hypothek an den Früchten der verpfändeten Sache beizubehalten, und es muß, wenn sie gleichwohl dem Hypothekengläubiger gewisse Anrechte auf Befriedigung aus perzipirten Früchten des zur Hypothek bestellten Gutes einräumten, dies auf einem andern Rechtsgedanken als dem einer an den Früchten erworbenen Hypothek beruhen. Vergegenwärtigt man sich dies, so ergiebt sich das richtige Verständniß der hieher bezüglichen Bestimmungen des Preußischen Rechts ohne Schwierigkeit. Das Prinzip ist ausgesprochen im L. R. I. 20 §§. 475 und 476, welche lauten:

> §. 475. Die Früchte und Nutzungen der verpfändeten Sache haften dem Hypothekengläubiger in so fern, als sie sich zur Zeit der Exekutionsvollstreckung noch unabgesondert von der Substanz befinden.
>
> §. 476. So lange also der Hypothekengläubiger die von der Substanz abgesonderten Früchte und Nutzungen, oder die an deren Stelle tretenden Pacht- und Miethgelder, noch nicht in gerichtlichen Beschlag genommen hat, solange kann der Eigenthümer gültig darüber verfügen.

Dieses Recht der Beschlagnahme wird in §§. 477 bis 481 davor geschützt, durch Vorausverfügen des Schuldners über künftige Früchte vereitelt zu werden; in Betreff der zur Zeit der Exekutionsvollstreckung von der Substanz noch nicht abgesonderten Früchte würde es im Hinblick auf den Grundsatz des §. 475 solcher Bestimmungen nicht bedurft haben. Der Inhalt der §§. 477 bis 481 ist im Uebrigen für unsere Frage ohne Interesse.

Neben den prinzipiellen Bestimmungen der §§. 475 und 476 stehen aber noch folgende Vorschriften des L. R. von größter praktischer Bedeutung. Im Tit. 2 ist unter dem Marginal: „Pertinenzstücke eines Landgutes" bestimmt:

§. 49. Auch Vorräthe von Gutserzeugnissen, welche erforderlich sind, um die Wirthschaft so lange fortzusetzen, bis dergleichen Erzeugnisse aus dem Gute selbst, nach dem gewöhnlichen Laufe der Natur, wiedergewonnen werden können, werden zum Zubehör desselben gerechnet.

Und in Betreff der Erstreckung des dinglichen Rechtes des Hypothekengläubigers auf die Pertinenzstücke heißt es im 20. Tit.:

§. 443. Das dingliche Recht des Hypothekengläubigers erstreckt sich auf das ganze Grundstück, und alle zur Zeit der Eintragung dabei befindlichen Pertinenzstücke.

§. 444. Was für ein mitverpfändetes Pertinenzstück der verschriebenen Sache oder Gerechtigkeit zu achten sei, muß bei entstehendem Streite nach den Vorschriften des zweiten Titels §. 42 sqq. beurtheilt werden.

§. 445. Insofern jedoch bewegliche Pertinenzstücke in der Zwischenzeit von der Eintragung bis zur wirklichen Vollstreckung der richterlichen Exekution von der Hauptsache getrennt worden, geht die darauf gehaftete dingliche Verpflichtung auf den dritten Besitzer nicht mit über.

Für den Konkurs bestimmte früher A. G. O. I. 50 §. 491 Nr. 4 alin. 2:

Entsteht der Konkurs im Laufe eines Wirthschaftsjahres, so werden nur die alsdann noch vorhandenen Früchte und Nutzungen, ingleichen die Zinse, Pächte, Miethgelder und andere Hebungen, welche in dies Jahr gehören, soweit sie entweder noch rückständig sind, oder erst nach entstandenem Konkurse fällig werden, zur Immobiliarmasse gezogen. Die von früheren Zeiten herrührenden Reste bei den Unterthanen und andern Schuldnern gehören zur Gemeinen Masse.

In der heute geltenden Konkursordnung heißt es in dem „von der abgesonderten Befriedigung der Realgläubiger' handelnden dreizehnten Abschnitt §. 267 alin. 2:

> Zur Revenüenmasse gehören alle zur Zeit der Konkurseröffnung bereits von der Substanz abgesonderten Früchte, welche noch in Natur vorhanden und in dem Besitz des Gemeinschuldners befindlich sind, ingleichen alle rückständigen Einkünfte, sowie alle nach der Konkurseröffnung gewonnenen Früchte und fällig gewordenen Nutzungen.

Hierauf beschränken sich die auf unsere Frage bezüglichen Vorschriften des preußischen Rechts. Insbesondere ist aus §. 70 I. 21 L. R.:

> Die Zinsen der auf der Sache haftenden Schulden muß der Nießbraucher berichtigen.

für ein Pfandrecht an den perzipirten Früchten nichts zu entnehmen, denn diese Bestimmung will, wie in dem Plenarbeschluß des K. Ober-Tribunals vom 1. März 1847 überzeugend dargethan ist, nur das Verhältniß des Nießbrauchers zum Eigenthümer reguliren, aber keineswegs dem Hypothekengläubiger ein Klagerecht gegen den Nießbraucher geben. Daß Bornemann sich für seine abweichende Meinung ohne Grund auf §. 73 dess. Tit. beruft, ist in den Gründen des Plenarbeschlusses nachgewiesen und findet keinen Widerspruch mehr; vergl. Förster a. a. O. II. Ausg. Bd. 3 S. 302 N. 83.

Die hier mitgetheilten Gesetzstellen deuten mit keinem Worte auf ein besonderes Pfandrecht an den Früchten, welches durch Verpfändung des Gutes begründet würde, hin, schließen aber sachlich die Annahme eines solchen aus. Daß die zur Zeit der Exekutionsvollstreckung noch unabgesondert von der Substanz befindlichen Früchte nach §. 475 I. 20 L. R. dem Hypothekengläubiger haften, geschieht kraft der an dem Gute, mit welchem diese Früchte noch substantiell verbunden sind, bestehenden Hypothek, als selbstständige Sachen existiren die stehenden und hängenden Früchte noch nicht, können also gar nicht Gegenstand eines besonderen Pfandrechts sein. Auch die zur Pertinenz des Gutes nach §. 49 I. 2 zu rechnenden Früchte (Pertinenzfrüchte) haften dem Pfandgläubiger kraft der an dem Gute, mit welchem sie um ihrer wirtschaftlichen Bestimmung willen als eine Sacheinheit zusammengefaßt werden, bestehenden Hypothek. Sobald das Pertinenzverhältniß zum Gute thatsächlich gelöst ist, hat der Hypothekengläubiger kein Recht mehr an der Frucht, ein voller Beweis, daß sie als solche niemals von einem besonderen Pfandrechte ergriffen worden ist. Abgesehen von den zur Fortsetzung der Wirthschaft nicht entbehrlichen Vorräthen von Gutserzeugnissen hat der Eigenthümer des verpfändeten Gutes freie Verfügung über geerntete Früchte, dieselben unterliegen aber bis zu dieser Verfügung der Beschlagnahme des Hypothekengläubigers. Wäre diese Vorschrift des §. 476 I. 20 auf den Fall zu beschränken, daß der Besitzer des Gutes auch persönlich dem Hypothekengläubiger haftet, so würde es sich lediglich um die Vollstreckung der Exekution in die dem Gutsbesitzer gehörigen Früchte handeln, also Niemand auf den Gedanken kommen können, das Beschlagnahmerecht des Hypothekengläubigers auf ein an den Früchten begründetes besonderes Hypothekenrecht zurückzuführen. Aber es muß dem Vertreter dieser Meinung, Schmidt (Grundsätze des gemeinen und preußischen Pfandrechts S. 432), darin beigepflichtet werden, daß das Beschlagnahmerecht des Hypothekengläubigers, wie die Vergleichung des §. 476 I. 20 L.-R. mit §. 491 I. A. G.-O. ergiebt, dinglicher Natur ist, denselben also auch die von dem nicht persönlich haftenden Gutsbesitzer geernteten Früchte unterworfen sind. Welcher Art ist nun diese dingliche Natur? auf welchem Rechtsgedanken beruht sie? Den Grund für die Haftung der unabgesonderten Frucht fanden wir in dem substantiellen Zusammenhange mit dem Gute, für die Haftung der Pertinenzstücke in dem wirthschaftlichen Zusammenhange mit demselben, dort ist die Einheit der Frucht mit dem Gute eine natürliche, hier die Einheit mit dem Gute eine lediglich ideelle, durch Rechtsvorschrift begründete, darauf fußend, daß ein Gut ohne Wirthschaftsinventar für seine Bestimmung, Frucht zu erzeugen, untauglich, somit das Gut mit allen seiner Bewirthschaftung thatsächlich dienenden beweglichen Gegenständen als einheitliches Verkehrsobjekt zu denken sei. Bei den geernteten Früchten, welche nicht zu den Pertinenzfrüchten gehören, trifft weder das eine noch das andere zu. Der substantielle Zusammenhang mit dem Gute ist durch die Abtrennnng gelöst, ein wirthschaftlicher Zusammenhang ist nicht entstanden. Sie sind selbstständige Sachen, Verkehrsgegenstände für sich, dazu bestimmt, durch Konsumtion, d. h. Verzehrung oder Veräußerung, verwerthet zu werden. Ist diese Bestimmung an ihnen erfüllt, sind sie insbesondere veräußert, so haben sie das Moment, Frucht dieses bestimmten Gutes zu sein, ganz abgestreift, sind in der Hand des Dritten nur noch das, wozu er sie braucht. Kommt es aber, bevor der Gutsbesitzer über geerntete Früchte verfügt hat, zu Zwangsmaßregeln behufs Sicherung oder Befriedigung des Hypothekengläubigers, so giebt das Gesetz demselben in billiger Berücksichtigung des genetischen Zusammenhangs zwischen Frucht und Gut das Recht, auch aus den noch unveräußert vorhandenen Früchten seine Befriedigung zu suchen. Das aus §. 476 herzuleitende Beschlagnahmerecht beruht also genau auf demselben Billigkeitsgedanken, aus welchem das Römische Recht den mit der vindicatio rei oder pignoris belangten bonae fidei possessor verpflichtet, mit der Hauptsache auch die fructus extantes, als zur omnis causa der Sache gehörig, herauszugeben, obgleich die Früchte durch die Perzeption nicht nur selbstständige Sachen, sondern sogar Eigenthum des dem Vindikanten persönlich nicht weiter verpflichteten bonae fidei possessor geworden. Also auch bei §. 476 ist an ein besonderes, an den Früchten des verpfändeten Gutes begründetes Pfandrecht nicht zu denken.

Diese Erörterung gewährt zugleich die entscheidenden Gesichtspunkte für das richtige Verständniß der §§. 445 und 476 I. 10 in Betreff der für das Aufhören der Mithaftung maßgebenden Thatsache. Es ist durchaus folgerichtig, wenn für das Ausscheiden des Pertinenzstücks aus dem Hypothekennexus im §. 445 die Trennung desselben von der Hauptsache erfordert, und dies von dem Ober-Tribunal in dem Plenarbeschluß vom 10. Juli 1837 (Entsch. 2 S. 383) dahin ausgelegt wird, daß darunter ein wirkliches Fortschaffen oder Wegnehmen des Pertinenzstückes von der Hauptsache, nicht schon die bloße Veränderung des Eigenthümers zu verstehen sei. Der thatsächliche Fortbestand des wirthschaftlichen Zusammenhangs hält die veräußerte, aber auf dem Gute belassene Pertinenz in der ideellen Einheit mit dem Gute, auf welcher die Mithaftung der Pertinenz beruht, und die thatsächliche Aufhebung des wirthschaftlichen Zusammenhanges löst die Mithaftung der bisherigen Pertinenz, selbst wenn eine Veräußerung überhaupt nicht stattfindet, z. B. wenn ein Gutsbesitzer Pferde, die zur Bewirthschaftung des Gutes gedient haben, auf die Dauer von dort weg und in die Stadt nimmt, um sie in seinem städtischen Domizil als Kutschpferde zu benutzen. Die Billigkeitsrücksicht hingegen, auf welcher das aus §. 476 herzuleitende Beschlagnahmerecht beruht, findet ihre nothwendige Begrenzung schon in dem von einem Dritten an der Frucht erworbenen Rechte, die räumliche Trennung der veräußerten Frucht vom Gute ist hierfür begrifflich durchaus gleichgültig; es ist somit unzulässig, ein solches Erforderniß aus §. 445 in den §. 476 hinüberzunehmen.

Dieselbe Auffassung des §. 476 findet sich in den Konkursbestimmungen. In §. 491 I. 50 A. G.-O. waren der zur Befriedigung der Realgläubiger dienenden Immobiliarmasse die „noch vorhandenen Früchte“ überwiesen, offenbar im Sinne der fructus extantes, zu welchen in das Eigenthum eines Dritten gelangte Früchte nicht mehr gehören. In §. 267 der Konkurs-Ordnung von 1855 ist jeder Zweifel, der hierüber bestehen könnte, durch den Ausdruck beseitigt: „alle zu der Zeit der Konkurseröffnung bereits von der Substanz abgesonderten Früchte, welche noch in Natur vorhanden und in dem Besitz des Gemeinschuldners befindlich sind.“ Daß hiermit nicht bloße Gewahrsam sondern Eigenthumsbesitz gemeint ist, wird nicht bezweifelt werden. Erwähnt sei noch als besonders bezeichnend für die Auffassung der Redaktoren der Preuß. Gesetzbücher der Umstand, daß nach §. 491 I. 50 A. G.-O. die fructus extantes nur so weit, als sie in das laufende Wirthschaftsjahr gehören, der Immobiliarmasse, ältere Bestände aber der Gemeinen Masse zufielen. Dieser Unterschied würde allerdings mit Schmidt (a. a. O. S. 433 in der Note) ungehörig zu nennen sein, wenn die Redaktoren dem Hypothekengläubiger ein besonderes Pfandrecht oder anderes dingliches Recht zugeschrieben hätten, während sich begrifflich nichts dagegen einwenden läßt, die Billigkeitsrücksicht, aus welcher fructus extantes zur omnis causa des Gutes gehören sollen, auf die im laufenden Wirthschaftsjahre geernteten Früchte zu beschränken und ältere Bestände, die nach dem gewöhnlichen Laufe der Dinge bereits konsumirt sein würden, als ersparte Vorräthe dem Mobiliarvermögen zu überweisen. Daß in der Konkursordnung von 1855 diese Unterscheidung aufgegeben ist, wird der geringen praktischen Bedeutung derselben zuzuschreiben sein, da es wohl zu den seltensten Fällen gehört, daß beim Ausbruch des Konkurses im Besitze des Gemeinschuldners noch Fruchtbestände aus früheren Jahren sich befinden, man pflegt dergleichen zu verwerthen, ehe man es zum Konkurse kommen läßt.

Die abweichenden Stimmen in der Literatur des Preußischen Rechts haben uns eines Andern nicht überzeugt.

Schmidt (a. a. O. S. 432) greift, um die Dinglichkeit des aus §. 476 I. 20 L.-R. sich ergebenden Beschlagnahmerechts des Hypothekengläubigers zu erklären, zum Naheliegendsten: „Die Voraussetzung hierbei muß sein, daß der Gläubiger dies könne, und daß also das Preußische Recht mit dem Römischen Rechte übereinstimme.“ Man kann nur annehmen, daß Schmidt die Grundsätze des Römischen Rechtes über das Recht des Pfandgläubigers an den Früchten nicht näher und im Einzelnen mit den Bestimmungen des Preußischen Rechts verglichen hat, sonst wäre eine solche Behauptung gar nicht erklärbar. Aber auch bei dieser Annahme ist es schwer zu begreifen, wie er (S. 433 in der Note) dem Preußischen Rechte den Rechtssatz zuschreiben konnte, daß das Pfandrecht nicht bloß die Hauptsache sondern auch die Früchte ergreife, „so als wären sie besonders verpfändet,“ und zwar Angesichts des §. 390 I. 20 L.-R., wonach Hypothekenrechte — von einem Faustpfand kann doch nicht die Rede sein — an beweglichen Sachen gar nicht erworben werden können, und des §. 476 das., wonach der Eigenthümer über die abgesonderten Früchte bis zu deren Beschlagnahme gültig verfügen kann. Daß ein Recht, welches durch den Verkauf der betreffenden

Sache seitens ihres Besitzers untergeht, weder nach Römischem noch nach Preußischem Rechte ein Pfandrecht ist, hätte einem Verfasser der „Grundsätze des gemeinen und preußischen Pfandrechts“ doch nicht entgehen sollen. Bei einem so irrigen Grundgedanken ist es nicht zu verwundern, daß Schmidt in den damit nicht harmonirenden Bestimmungen des Preußischen Rechts bald eine Unterscheidung „ungehörig,“ bald eine Bestimmung „befremdlich“ findet und in dem beabsichtigten Schutz des Hypothekengläubigers (durch §§. 480 f. I. 20) vielmehr „eine besondere und wichtige Beschränkung des Hypothekenrechts“ erblickt. Auf eine Bemerkung Schmidt's müssen wir aber noch eingehen, weil sie für unsere Frage von besonderem Interesse ist. Er sagt in der Note auf S. 433, in welcher er mit den von seiner Auffassung abweichenden Ansichten abrechnet:

> „Uns scheint daher der Tadel der Gesetzrevisoren gegen ein Tribunals-Urtel, welches die geernteten Früchte dem Hypothekenrechte für unterworfen erklärt, so lange sie noch auf dem Gute vorhanden, ganz unbegründet, indem der §. 476 h. t. keineswegs den Zeitpunkt der Beschlagnahme als denjenigen angiebt, von wo ab spätere Absonderungen dem Realgläubiger unschädlich seien.“

Fast ebensoviel Irrthümer wie Worte! Die Gesetzrevisoren sagen Pen. III S. 175 zu S. 475 I. 20 L.-R.:

> „Ein Tribunalsurtel hat gegen zwei gleiche Urtel anerkannt, daß geerntete Früchte überhaupt dem Pfandrechte des Gläubigers unterworfen sind, so lange sie noch unverkauft auf dem Gute vorhanden (Revisions-Erkenntnisse vom Departement Ratibor Bl. 213). Allein dies ist offenbar gegen die weiteste Ausdehnung vom Begriff des Zubehörs und gegen §. 476, welcher die Beschlagnahme als den Zeitpunkt annimmt, von wo an die gesonderten Früchte dem Pfandrechte des Gläubigers anheimfallen.

Wir haben das hier erwähnte Tribunalsurtel in den betreffenden Registraturen ermittelt und kommen darauf unten zurück. Aber schon was die Gesetzrevisoren daraus mittheilen, genügt um zu erkennen, daß das Ober-Tribunal damals so wenig wie in späteren Entscheidungen mit Schmidt ein besonderes Pfandrecht an den Früchten angenommen, sondern geerntete Früchte nur, solange sie noch unverkauft auf dem Gute vorhanden, dem Pfandrechte des Gläubigers (zu ergänzen: an dem Gute) für unterworfen erklärt hatte. Das stimmt ganz zu unserer Ansicht von der Mithaftung der noch unverkauft auf dem Gute vorhandenen Früchte als omnis causa des Gutes. Die Gesetzrevisoren, welche sachlich dasselbe wollen, haben nur theorethischen Anstoß daran genommen, daß nach ihrer Auffassung des Urtels das Obertribunal ein Pfandrecht des Gläubigers an den Früchten schon vor der Beschlagnahme derselben angenommen habe, da doch erst von der Beschlagnahme an die gesonderten Früchte dem Pfandrecht des Gläubigers anheimfielen. Aber gerade diese Auffassung ist theoretisch unkorrekt, denn durch die Beschlagnahme entsteht kein Pfandrecht, vielmehr steht die Beschlagnahme dem Gläubiger nur zu, weil die bis dahin noch unverkauften abgesonderten Früchte noch als zusammengehörig mit der verpfändeten Sache und mit ihr dem Pfandrechte anheimfallend gelten.

Auch Bornemann ist bei dieser Lehre irre gegangen. Er geht (Preuß. Civilrecht II Aufl. Bd. 4 S. 227) von den richtigen, sich an den Wortlaut der Gesetze anlehnenden Sätzen aus: „die Früchte und Nutzungen der verpfändeten Sache haften dem Hypothekengläubiger insofern, als sie zur Zeit der Exekutionsvollstreckung noch unabgesondert von der Substanz sind. Daher kann der Eigenthümer zwar über die von der Substanz bereits abgesonderten Früchte, desgleichen über die an deren Stelle tretenden Pacht- und Miethgelder frei disponiren. Verträge und andere Handlungen, wodurch der Gläubiger über künftige Früchte und Nutzungen im Voraus verfügt, sind dagegen, soweit sie zum Nachtheil der eingetragenen Gläubiger gereichen, durchaus unkräftig" etc. Daran knüpft er einige besondere Ausführungen, von denen hier nur die zwei ersten interessiren. Er bemerkt unter 1.:

> „Der §. 475 stimmt mit dem §. 49 I. 2 L.-R. insofern nicht ganz überein, als der letztere auch Vorräthe an Gutserzeugnissen, welche zur Fortsetzung der Wirthschaft bis zur nächsten Ernte erforderlich sind, zum Zubehör rechnet.[2]) Der Gesetzgeber scheint aber diese Modifikation aus dem einfachen Grunde übergangen zu haben, weil dergleichen Vorräthe kein Gegenstand der Exekution sind, und also auch von den Realgläubigern nicht in Beschlag genommen werden können (A. G. O. I. 24 §§. 71 und 97 ff.), wogegen dieselben, wenn das Gut subhastirt wird, an den Käufer mit übergehen, und insofern mit zur Befriedigung der Gläubiger dienen."

Hierauf ist zu erwidern, daß der §. 475 von unabgesonderten Früchten, welche nicht Zubehör sondern substantiell eins mit dem Gute sind, §. 49 I. 2 dagegen von „Vorräthen von Gutserzeugnissen," also

---

[2]) Aehnlich die Gesetzrevisoren a. a. O. S. 125.

von abgesonderten Früchten spricht und bestimmt, wieweit dieselben als Pertinenz des Gutes gelten sollen, daß diese Bestimmungen somit in keinem Punkte wider einander laufen, sondern im besten Einklange neben einander hergehen. Die Hereinziehung der Bestimmungen in der A. G. O. I. 24 §§. 71 und 97 ff., welche auf dem besonderen, das Hypothekenrecht ganz und gar nicht interessirenden Gesichtspunkte der Erhaltung des mit Exekution verfolgten Schuldners im Nahrungsstande beruhen, war daher ebenso entbehrlich wie abwegig.

Schlimmeres ist ihm in der zweiten Bemerkung begegnet, welche die oben berührte Frage betrifft, ob der §. 476 nichts weiter sagen will, als daß mit dem Augenblick der gerichtlichen Beschlagnahme aus derselben ein neues Recht des Gläubigers an den abgesonderten Früchten erwachse, oder ob derselbe dahin zu verstehen, daß auch die bereits geernteten Früchte dem Hypothekenrechte so lange unterworfen bleiben, als sie sich noch unverkauft auf dem Gute befinden. B. entscheidet sich wie wir aus den oben angeführten Gründen für die zweite Alternative und fügt dann, um den Rechtsgrund dieser dinglichen Haftung aufzudecken, hinzu:

> „Unter den im §. 475 h. t. gebrauchten Worten „zur Zeit der Exekutionsvollstreckung noch unabgesondert von der Substanz“ muß daher nicht bloß eine Separation von dem Grund und Boden, sondern eine durch Veräußerung oder sonst erfolgte Trennung von dem Gute verstanden werden, obgleich dies eine ungewöhnliche Bedeutung der Worte ist und mit den allgemeinen Vorschriften über die Pertinenz-Eigenschaft der Früchte nicht harmonirt.“

Diese höchst gezwungene Interpretation scheitert schon an dem Umstande, daß dieselben Worte „von der Substanz abgesondert“ auch im §. 476 vorkommen, und dort von einer wirksamen Verfügung des Eigenthümers über solche Früchte, beziehungsweise von einer Beschlagnahme die Rede ist, was nicht möglich wäre, wenn darunter Früchte zu verstehen sein sollten, welche schon „durch Veräußerung oder sonst“ von dem Gute getrennt worden. Daß es aber verschiedene Rechtsgedanken sind, aus welchen fructus pendentes und fructus extantes dem Hypothekenrecht des Gläubigers an der Hauptsache unterworfen bleiben, und deshalb die B.sche Interpretation des §. 475 auch wissenschaftlich nicht nur keinen Boden hat sondern vielmehr Verwirrung anrichtet, ergiebt sich aus dem, was wir oben im systematischen Zusammenhange erörtert haben, ohne näherer Begründung zu bedürfen.

C. F. Koch hat über die uns beschäftigende Frage zwei nicht vereinbare Ansichten ausgesprochen. In seinem Lehrbuch des Preuß.-Civilrechts (II. Aufl. Bd. 2 S. 637) sagt er in Uebereinstimmung mit unserer Ansicht:

„Bei Landgütern erstreckt sich das Pfandrecht auch auf die abgesonderten, noch im Besitz des Schuldners befindlichen Früchte (fructus extantes), und die abgesonderten sind schon als Theil der Hauptsache dem Unterpfandsrecht unterworfen“ ꝛc.

Dagegen heißt es in seinem Landrecht am Schluß der Anm. 39 zu I. 2 §. 49:

„Der §. 476 ..... sagt nur, daß ein Hypothekengläubiger die bereits vor der Beschlagnahme geschehene Veräußerung nicht rückgängig machen könne. Die Exekutionsvollstreckung selbst aber ist sonst in abgesonderte Früchte gegen den persönlichen Schuldner ohne Beschränkung, und gegen den bloßen Hypothekenschuldner insoweit, als die Früchte Pertinenzstücke sind, zulässig. Will der Gläubiger die Veräußerung abgesonderter Früchte in einer weiteren Ausdehnung hindern, so muß er die Beschlagnahme vor der Absonderung ausbringen. Dies ist der eigentliche Inhalt des §. 476.“

Anfang und Ende dieser Stelle stehen in einem seltsamen Widerspruch. Während am Anfang als Inhalt des §. 476 in Uebereinstimmung mit dem Wortlaut desselben und mit dem aus dem Lehrbuch zitirten Satz die Beschlagnahme *vor der Veräußerung* wirksam ist, soll nach dem Schlußsatz die Beschlagnahme *vor der Absonderung* im §. 476 gemeint sein. K. scheint zu dieser den Gesetzen nicht entsprechenden Auffassung dadurch veranlaßt zu sein, daß er einen Unterschied zwischen dem Fall, wenn der Gutsbesitzer zugleich persönlicher Schuldner, und dem Fall, wenn er dies nicht ist, annahm. Ein solcher Unterschied ist aber in den §§. 475 und 476 nirgends angedeutet, auch innerlich nicht begründet, da hier nur von der dinglichen Wirkung des Pfandrechts die Rede ist. Diese Wirkung unterwirft nach §. 476 die fructus extantes der Beschlagnahme, gleichviel ob das Gut im Besitz des persönlichen Schuldners ist oder nicht.

Förster (Preuß. Privatrecht II. Aufl. Bd. 3 S. 445) sagt im Text:

„Die natürlichen Früchte treten aber durch ihre Absonderung von der Substanz aus dem Pfandnexus heraus und können dann, wie überhaupt die Civilfrüchte, nur durch gerichtliche Beschlagnahme dem Pfandrecht erhalten werden.“

und bemerkt dazu in Anm. 11 mit Bezug auf §. 475 h. t.:

„Das widerspricht nicht dem §. 49 I. 2, sondern sagt nur, daß die Frucht nach ihrer Absonderung nicht mehr Substanztheil ist. Bleibt sie nach der Absonderung noch auf dem Grundstück, so ist sie als bewegliches Pertinenzstück dem Pfandgläubiger verhaftet."

Letzteres ist mindestens im Ausdruck ungenau. Als Pertinenzstück bleibt die abgesonderte Frucht dem Pfandgläubiger nur verhaftet, soweit sie zu den unentbehrlichen Wirthschaftsvorräthen gehört, aber nicht die außerdem vorhandene, nach wirthschaftlichen Prinzipien für den Verkauf bestimmte Frucht. Daß auch diese, sofern sie bei der Beschlagnahme noch unveräußert vorhanden, den Hypothekengläubigern des Gutes nach §. 476 verhaftet, und welcher Natur diese Haftung ist, kommt bei Förster nicht zu zweifellosem Ausdruck.

Dagegen hat das Ober-Tribunal, soweit wir aus den gedruckt vorliegenden Entscheidungen zu urtheilen vermögen, sich bei der Anwendung des §. 476 I. 20 stets von dem Rechtsgedanken leiten lassen, den wir im Vorstehenden zu begründen versucht haben.

Das von den Gesetzrevisoren bemängelte Tribunals-Erkenntniß ist am 22. Oktober 1823 in Revisionssachen des Staatsministers v. J. wider die Präsident v. S.'schen Erben ergangen und verneint die von den damaligen Vorderrichtern bejahte Frage, ob ein Hypothekengläubiger durch Ausbringung gerichtlicher Beschlagnahme an geernteten, noch unveräußerten Früchten ein die voreingetragenen Hypothekengläubiger ausschließendes Recht erwerbe, aus diesen Früchten befriedigt zu werden. Die Präsident v. S.'schen Erben hatten nämlich wegen rückständiger Hypothekenzinsen auf dem verpfändeten Gute unausgedroschene Getreidevorräthe gerichtlich mit Beschlag belegen lassen. Das Gericht ordnete an, daß das Getreide ausgedroschen und verkauft, der Erlös aber nicht den Extrahenten, sondern zu Gerichtshänden gezahlt werden solle, weil der Staatsminister v. J., ein vor den Extrahenten rangirender Hypothekengläubiger, wegen seiner ebenfalls zur Exekution stehenden Zinsforderung Befriedigung aus den in Beschlag genommenen Früchten vor den Extrahenten beanspruchte. Das Ober-Tribunal erklärte diesen Anspruch für begründet und motivirte die Entscheidung mit der Ausführung: durch die gerichtliche Beschlagnahme der auf dem Gute vorhandenen unausgedroschenen Getreidevorräthe sei das Eigenthum derselben nicht auf die Extrahenten übergegangen, die Beschlagnahme habe den v S.'schen Erben vielmehr nur das Recht immittirter Gläubiger, also das Vorzugsrecht der 5. Klasse verschafft, während den übrigen Gläubigern noch immer nach §. 51 I. 51 A. G.-O. und Anh.

§. 380, so lange das Getreide noch nicht ausgedroschen und verkauft, oder so lange das Kaufgeld noch im gerichtlichen Gewahrsam befindlich, das Recht verblieben sei, aus den in Beschlag genommenen Gegenständen ebenmäßig ihre Befriedigung nachzusuchen und dabei ein stärkeres Vorzugsrecht als das den Extrahenten durch die Beschlagnahme erwachsene geltend zu machen; dies vorausgesetzt gebühre dem Staatsminister v. J. wegen seiner Zinsenrückstände die Priorität, da seine Capitalien vor denen der v. S.'schen Erben eingetragen, Zinsen der Hypothekenkapitalien aber nach dem Vorzugsrecht der Kapitalien zu berichtigen seien. Hiernach wurde das entscheidende Moment darin gefunden, daß zu der Zeit, als der Staatsminister v. J. als Hypothekengläubiger die Früchte zu seiner Befriedigung beanspruchte, dieselben noch nicht in das Eigenthum eines Andern übergegangen waren. Denn nicht weil die Früchte damals noch ungedroschen auf dem Gute vorhanden waren, sondern weil die Beschlagnahme den v. S.'schen Erben nicht das Eigenthum an denselben verschafft hatte, wurde das Recht ihres Gegners, diese Früchte oder das infolge späterer Veräußerung derselben zum Gerichtsdepositum gelangte Kaufgeld zu seiner Befriedigung wegen rückständiger Hypothekenzinsen nach Maßgabe der ihm an dem Gute gebührenden prioritätischen Hypothekenrechte anerkannt.

Noch deutlicher erhellt die Uebereinstimmung mit dem Ergebniß unserer Untersuchung aus dem Erkenntniß des III. Senats vom 26. April 1852 (Entsch. 23, S. 148). Es handelte sich damals um folgenden Fall: Die Besitzer des Ritterguts Grünthal hatten aus ihrer Waldung durch mehrere Verträge 7472 Klaftern Kiefernholz auf dem Stamm für 11,408 Thlr. an den Mühlenbesitzer B. verkauft und durch Anschlag mit dem Forsthammer übergeben. Bevor das Holz vollständig aus der Forst entfernt war, wurde von Hypothekengläubigern die Beschlagnahme des Gutes und der auf demselben noch vorhandenen Hölzer herbeigeführt. B. klagte gegen diese Gläubiger auf Anerkennung seines pfandfreien Eigenthums, während die Beklagten die Hölzer ihrem Pfandrecht für unterworfen erachteten. Das Ober-Tribunal nahm an:

> Bei einem Walde ist geschlagenes Holz, so lange es aus demselben nicht fortgeschafft und dadurch räumlich getrennt ist, durch Verkauf, Uebergabe und Fällung aus dem dinglichen Rechte des Hypothekengläubigers nicht für geschieden zu erachten, **wenn und soweit der Holzschlag die Grenzen einer forstwirthschaftlichen Benutzung überschritten hat.**

In den Entscheidungsgründen heißt es unter Anderm: „Der Streitpunkt, ob das geschlagene Holz durch die Fällung von dem Hypothekenrechte der Gläubiger frei geworden sei, ist von der weiteren Frage abhängig, ob es zu den Früchten und Nutzungen des verhafteten Gutes zu rechnen sei? Trägt es den Charakter der Früchte und Nutzungen, so wirkte die bloße Absonderung von der Substanz seine Befreiung von dem dinglichen Rechte. §§. 475. 476. I. 20. L.=R." Und an einer andern Stelle, wo von der forstwirthschaftlichen Waldnutzung die Rede ist: „Nur soweit diese Grenzen nicht überschritten sind, ist geschlagenes Holz zu den Früchten und Nutzungen zu rechnen, und an demselben nach den allegirten §§. 475 und 476 das Recht der auf dem Gute eingetragenen Hypothekengläubiger durch die bloße Absonderung von der Substanz für erloschen zu erachten." Es ist also hierdurch anerkannt, daß das vor der Absonderung bereits veräußerte Holz, soweit es forstwirthschaftlich zur Waldnutzung, d. h. zu den fructus fundi, gehörte, durch die Absonderung gänzlich aus dem Pfandnexus geschieden war, daß mithin veräußerte abgesonderte Früchte der Beschalgnahme aus §. 476 nicht mehr unterliegen, selbst wenn sie sich noch auf dem Gute befinden.

Schon vorher findet sich dieselbe Ansicht gelegentlich ausgesprochen in den Motiven des über das Verständniß des §. 70 I. 21 L.=R. ergangenen Plenarbeschlusses vom 1. März 1847 (Entsch. 14 S. 17), und zwar S. 28 und 29 in folgenden Ausführungen: „Allerdings kann sich der Gläubiger an diese (d. i. die Früchte) ebenfalls halten, nicht bloß wegen der Zinsen, sondern auch wegen des Kapitals, aber, wie auch die §§. 475. 476 I. 20 A. L.=R. ausdrücklich sagen, nur soweit, als sie zur Zeit der Exekutionsvollstreckung noch unabgesondert von der Hauptsache vorhanden, oder, wenn abgesondert, mit gerichtlichem Beschlag belegt sind, denn bis dahin kann der Eigenthümer, auch dem Hypothekengläubiger gegenüber, gültig darüber verfügen." — „Bei den Früchten insbesondere übt der Gläubiger diese Befugniß (d. i. sich aus dem Pfande befriedigt zu machen) durch Auswirkung der Sequestration oder der Beschlagnahme aus, auf keine andere Weise. Was er vorher davon konsumiren, versilbern oder verderben ließ, entgeht seinem Anspruche."

In dem Eingangs erwähnten Prozesse war für die Ansicht, daß separirte und veräußerte Früchte, auch wenn sie nicht zu den Pertinenzfrüchten gehören, bis zu ihrer Fortschaffung von dem Gute der Beschlagnahme der Hypothekengläubiger unterworfen bleiben, noch auf die in den Entsch. Bd. 51, S. 218 und in Striethorst Archiv Bd. 13 S. 96 und Bd. 50 S. 323 abgedruckten Tribunalsurtel verwiesen, aber keines derselben berührt diese Frage. Das erste entscheidet nur, daß unter der Exekutionsvollstreckung und der gerichtlichen Beschlagnahme, von der in den §§. 475 ff. I. 20 die Rede, auch die nothwendige Subhastation zu verstehen. Das zweite beurtheilt die Haftung geschlagenen, veräußerten, aber noch auf dem Gute vorhandenen Holzes bloß aus dem Pertinenz-Gesichtspunkt des §. 49 I. 2 und §§. 445. 446 I. 20. Das dritte aber betrifft das Verhältniß des Hypothekengläubigers zum Nießbraucher (welches, nebenbei bemerkt, dort eine mit dem älteren Plenarbeschlusse vom 1. März 1847 schwerlich vereinbare Auffassung gefunden hat).

Fassen wir das Gesagte zusammen, so kommt es nach dem Preuß. R. bei der uns beschäftigenden Spezialfrage auf keine der Unterscheidungen an, welche sich bei der Beurtheilung nach Römischem R. ergeben würden, vielmehr steht die Sache so,

> daß geerntete Früchte, welche zwar noch innerhalb der räumlichen Grenzen des Gutes vorhanden, aber durch Kauf und Uebergabe bereits in das Eigenthum eines Andern übergegangen sind, durch gerichtliche Beschlagnahme nicht auf Grund des §. 476 I. 20 L.-R. zur Befriedigung des Hypothekengläubigers herangezogen werden können, sondern nur, soweit sie zu den unentbehrlichen Wirthschaftsvorräthen im Sinne des §. 49 I. 2 gehören, und zwar alsdann auf Grund der §§. 443 ff. I. 20.

III.

Auch in den Arbeiten der Preußischen Gesetzgebung hat unsere Frage eine verschiedene Auffassung gefunden.

Der Gesetzrevisor hielt eine materielle Aenderung der bezüglichen Vorschriften des L.-R. nicht für geboten, glaubte aber §. 475 I. 20 mit §. 49 I. 2 in Einklang bringen zu müssen, und schlug deshalb als §. 118 seines Entwurfs (Pensum III. Entw. des 20. Tit. §§. 1—70. 390—535) vor:

> Die Früchte und Nutzungen der verpfändeten Sache haften dem Hypothekengläubiger insofern, als sie sich zur Zeit der Hülfsvollstreckung noch unabgesondert von der Substanz befinden und zum Wirthschaftsbetriebe bis zu ihrer Wiedererzeugung nöthig sind.

Der letzte Satz ist dem sonst beibehaltenen Inhalt des §. 475 hinzugefügt.

Diese Aenderung wird damit motivirt, daß §. 475 insofern mit §. 49 nicht ganz übereinstimme, als der letztere auch Vorräthe von Gutserzeugnissen (also von der Substanz abgesondert) zu den Pertinenzien rechne, insoweit sie zum Wirthschaftsbetrieb nöthig. Der Gesetzrevisor scheint also auch die fructus pendentes für Pertinenzen erachtet zu haben, während sie vielmehr zur Substanz des Gutes gehören.

In Folge dieses Gedankenfehlers würde die vorgeschlagene Aenderung die klaren Bestimmungen des L.=R. nur verballhornisiren. Es scheint ganz übersehen zu sein, daß die Frage, wieweit Pertinenzfrüchte dem Hypothekengläubiger haften, bereits in §§. 443 ff. I. 20 entschieden ist, und zwar dem Pertinenzbegriff völlig entsprechend. Die Vermengung der fructus pendentes mit den Pertinenzfrüchten, an sich schon wegen der Verschiedenheit des dabei zu Grunde liegenden Rechtsgedankens ungehörig, würde nur Zweifel über das Verhältniß der neuen Bestimmung zu §. 445 I. 20 hervorrufen. Wollte man ohne Aenderung des L.=R. bei §. 475 ff. I. 20 des §. 49 I. 2 gedenken, so durfte dies nur durch einen Vorbehalt zu Gunsten dieses Paragraphen in Verbindung mit §§. 443 ff. geschehen, ein Vorbehalt, der aber nicht in den §. 475, sondern in den §. 476 gehören würde.

Bevor wir auf die neueren Arbeiten der Preuß. Gesetzgebung eingehen, werfen wir einen Blick auf die seit der Emanation des L.=R. in anderen Staaten ergangenen Gesetze.

Der Code civil scheidet die Sachen in bewegliche und unbewegliche. (Art. 516: Tous les biens sont meubles ou immeubles.) Nur an unbeweglichen Sachen kann ein Hypothekenrecht bestehen, an beweglichen nicht. (Art. 2118: Sont seuls susceptibles d'hypothèques 1° les biens immobiliers qui sont dans le commerce et leurs accessoires réputés immeubles, 2° l'usufruit etc. Art. 2119: Les meubles n'ont pas de suite par hypothèque.) Früchte werden durch Trennung von der Substanz bewegliche Sachen. (Art. 520: Les récoltes pendantes par les racines, et les fruits des arbres non encore recueillis, sont pareillement immeubles. Dès que les grains sont coupés et les fruits détachés, quoique non enlevés, ils sont meubles. Si une partie seulement de la récolte est coupée, cette partie seule est meuble.) Pertinenzfrüchte kennt der C. c. nicht (vergl. Art. 524.) Die Früchte werden also durch die Absonderung von der Substanz ausnahmslos hypothekenfreie bewegliche Sachen.

Das Oesterreichische bürgerliche Gesetzbuch läßt im Prinzip wie der C. c. die Früchte durch die Absonderung aus der Haftung für die Gutshypothek scheiden. (§. 457: Das Pfandrecht erstreckt sich auf alle zu dem freien Eigenthum des Verpfänders gehörige Theile, auf Zuwachs und Zugehör des Pfandes, folglich auch auf die Früchte, insolange sie noch nicht abgesondert oder bezogen sind. Wenn also ein Schuldner einem Gläubiger sein Gut und einem andern später die Früchte desselben verpfändet, so ist die spätere Verpfändung nur in Rücksicht auf die schon abgesonderten und bezogenen Früchte wirksam.) Dieses Beispiel erklärt sich daraus, daß das Bürg. Gesetzb. zwar auch nur an unbeweglichen Sachen Hypothek kennt, die unentbehrlichen Vorräthe an Gutserzeugnissen aber (Pr. L.-R. I. 2 §. 49) zu den unbeweglichen Sachen und nicht zum Zugehör rechnet; eine sonderbare Begriffsverwirrung!' (§. 296: Auch das Getreide, das Holz, das Viehfutter und alle übrigen, obgleich schon eingebrachte Erzeugnisse, sowie alles Vieh und alle zu einem liegenden Gute gehörigen Werkzeuge und Geräthschaften werden insofern für unbewegliche Sachen gehalten, als sie zur Fortsetzung des ordentlichen Wirthschaftsbetriebes erforderlich sind. §. 294: Unter Zugehör versteht man dasjenige, was mit einer Sache in fortdauernde Verbindung gesetzt wird, dahin gehören nicht nur der Zuwachs einer Sache, so lange er von derselben nicht abgesondert ist, sondern auch ꝛc.)

Die Haftung der natürlichen Früchte für die Gutshypothek erlischt mit der Absonderung auch nach dem Bayerischen Hypothekengesetz vom 21. Juni 1822 (§. 33: Die Hypothek als dingliches Recht erstreckt sich auf die ganze Sache, und auf alle Theile, sowie auf den Zuwachs und Zugehörungen derselben, folglich auch auf die Früchte, so lange sie noch nicht abgesondert oder bezogen sind.), nach dem Würtembergischen Pfandgesetz vom 4. Juni 1825 (Art. 49: Das Unterpfandsrecht begreift in sich: 3) die natürlichen Früchte, welche zur Zeit der Erhebung der Schuld- oder Pfandklage, oder der Erkennung des Gants, noch nicht abgesondert sind, sowie diejenigen, welche von diesem Zeitpunkte an erhoben sind.), nach dem Hannoverschen Gesetz vom 14. Dezember 1864 (§. 17: Die Hypothek umfaßt von den Erzeugnissen der letzteren die am Tage der Beschlagnahme oder der Konkurseröffnung noch nicht abgesonderten Früchte, und die zu der gedachten Zeit noch nicht fällig gewesenen Aufkünfte.) und nach dem Königl. Sächsischen Bürgerlichen Gesetzbuche (§. 414: Natürliche Früchte des verpfändeten Grundstücks werden durch die Hypothek ergriffen, sofern sie zur Zeit der auf Antrag eines hypothekarischen Gläubigers angelegten Sequestration oder erfolgten Zwangsversteigerung des Grundstücks, oder der Eröffnung des Konkurses zum Vermögen des Eigenthümers, nicht erhoben sind).

Auch die Mithaftung von Pertinenzfrüchten für die Gutshypothek im Sinne des L.-R. (§. 49 I. 2 und §§. 443 ff. I. 20) ist in die Gesetzgebung dieser Länder nicht übergegangen.

Von den in Preußen seit den Arbeiten der Gesetzrevisoren veröffentlichten Gesetzgebungsarbeiten wird unsere Frage zum ersten Male wieder von dem im Herbst 1868 dem Landtag vorgelegten Entwurf eines Gesetzes über den Eigenthumserwerb und die dingliche Belastung der Grundstücke rc. berührt.

Während die Gesetzrevisoren nur auf eine Ausbesserung des L.-R. bedacht waren, nimmt dieser Entwurf dem bestehenden Rechte gegenüber eine freie Stellung ein, er will auf großentheils neuen Prinzipien ein den Bedürfnissen der Gegenwart und Zukunft entsprechendes Recht schaffen. Bevor also ein Rechtssatz aus dem L.-R. in den neuen Entwurf hinübergenommen werden konnte, mußte er nach seiner inneren Begründung und nach seiner Tauglichkeit für die erstrebte Vereinfachung und Prinzipienstrenge im Immobiliarsachenrecht geprüft werden. Es würde sich daher aus manchen Gesichtspunkten haben rechtfertigen lassen, daß nach dem Vorbilde der soeben besprochenen auswärtigen Gesetze in den neuen Entwurf der Gedanke einer Haftung geernteter Früchte für die Gutshypothek keinen Eingang gefunden, abgesehen von dem Institute der Pertinenzfrucht. Was das Letztere betrifft, so liegt es außerhalb der festen Begrenzung des von dem Entwurfe umfaßten Rechtsstoffes, die landrechtliche Lehre von der Pertinenzqualität, welche allerdings der Revision dringend bedarf, neu zu ordnen, der Entwurf muß andererseits dem unabweislichen Rechtsgedanken der Mithaftung der beweglichen Pertinenz des verpfändeten Gutes Ausdruck geben, kann es also nicht hindern, daß Pertinenzfrüchte für die Gutshypothek haftbar bleiben, bis einmal der §. 49 I. 2 L.-R. bei Gelegenheit anderer Gesetzgebung, wie wir erwarten, beseitigt werden wird. Abgesehen hiervon stehen in dem Entwurfe (§. 28) unter den Kategorien der mit dem Gute haftenden Gegenstände die abgetrennten Früchte nicht, sondern nur „die stehenden und hängenden Früchte." Auffallender Weise ist diese Abweichung von dem bestehenden Rechte in den Motiven nicht besprochen. Es heißt daselbst zu §. 28: „Es haften dem Hypothekengläubiger rc. 3) die Accessionen und Früchte nach §§. 470. 475 I. 20 A. L.-R., 4) Pacht- und Miethgelder als Nutzungswerthe des Grundstücks, wie dies auch in §. 476 I. 20 A. L.-R. anerkannt ist." Darüber, daß §. 476 auch die abgetrennten natürlichen Früchte der Beschlagnahme mit dinglicher Wirkung unterwirft, soweit der Eigenthümer darüber noch nicht verfügt hat, kein Wort.

Nachdem dieser Entwurf in einer besonderen Kommission des Abgeordnetenhauses berathen war, ohne über dieses Stadium hinauszukommen, wurde er im Sommer 1869 durch besondere Veröffentlichung der wissenschaftlichen Kritik übergeben, und erschien sodann in veränderter Gestalt im Herbst 1869 wieder vor dem Landtage. In dem

§. 23 des neuen Entwurfs, welcher dem §. 28 des früheren entspricht, finden sich hinter den stehenden und hängenden Früchten auch „die noch vorhandenen abgesonderten Früchte." Es kann nur auf einem Uebersehen beruhen, wenn die neuen Motive nicht nur über diese Einschaltung wiederum schweigen, sondern auch die vor und hinter derselben stehenden Kategorien genau mit denselben Worten rechtfertigen wie die früheren Motive, als ob Alles beim Alten geblieben wäre. Die Kommission des Abgeordnetenhauses (Drucksachen Bd. 3 Nr. 212 S. 47) billigte diese Abweichung von dem früheren Entwurf, wieder ohne Angabe von Gründen. Man war wohl von der Richtigkeit des der landrechtlichen Mithaftung der fructus extantes für die Gutshypothek zu Grunde liegenden Rechtsgedankens so durchdrungen, daß man eine besondere Rechtfertigung nicht für nöthig erachtete, mag sich auch des Umstandes nicht bewußt geworden sein, daß man damit eine weder in das Französische noch in die neueren Deutschen Hypothekengesetze übergegangene Eigenthümlichkeit des L.-R. beibehielt. Auch wir würden diese Eigenthümlichkeit beibehalten, keineswegs aus partikularistischer Liebhaberei, sondern weil sie auf dem oben nachgewiesenen Gedanken, den wir aus allgemein gültigen Gründen für richtig erachten, beruht. Dieser Gedanke hat aber in den Worten des Entwurfs „die noch vorhandenen abgesonderten Früchte" keinen erschöpfenden Ausdruck gefunden. Vorhanden sind abgesonderte Früchte, so lange sie nicht verzehrt sind, ohne Rücksicht darauf, ob sie sich noch auf dem Gute, ob sie sich noch im Eigenthum des Gutsbesitzers befinden. Nach der Fassung des Entwurfs würden also auch solche geernteten Früchte, welche von dem Eigenthümer des Gutes verkauft und dem Käufer übergeben, von dem Letzteren sogar nach andern Orten verfahren und vielleicht mehrfach von Hand zu Hand gegangen sind, dem Hypothekengläubiger haftbar bleiben, bis sie verzehrt werden — oder der Nachweis ihres Ursprungs unmöglich wird. Eine solche Verletzung der besten Prinzipien des Preuß. Rechts kann nicht beabsichtigt sein, man kann aber doch nicht, wie in der Kommission von Einigen geschehen (a. a. O. S. 48), die Fassung des Gesetzes deutlich nennen, da sie etwas anderes besagt als gemeint ist. Die Majorität hat daher mit Recht die Vorschrift für nicht ausreichend erklärt. Wir können jedoch die von ihr vorgeschlagene Art der erforderlichen Beschränkung nicht für richtig halten. Es wurde beschlossen, den Zusatz dahin zu fassen:

„die a u f d e m G r u n d s t ü c k e noch vorhandenen abgesonderten Früchte."

Als Begründung findet man nur den Satz, es müsse klar ausgesprochen werden, daß die Fortschaffung dieser Früchte von dem Gute den Pfandnexus auflösen müsse. Von solchen Mitgliedern, welche ebenfalls auf die Fortschaffung vom Gute Gewicht legen zu müssen glaubten, wurde gegen jene Fassung mit Recht bemerkt, daß die räumliche Trennung für sich allein diese Wirkung nicht haben könne, vielmehr noch ein von einem Dritten an den Früchten erworbenes Recht hinzukommen müsse. Oder wäre es zu billigen, daß nach jener Fassung der Besitzer des Gutes die Früchte der Beschlagnahme für den Hypothekengläubiger dadurch entziehen kann, daß er dieselben in die zu diesem Zwecke gemiethete Scheune eines Nachbaren schafft, ohne sie zu veräußern?

Fructus extantes sind Früchte, welche der Gutsbesitzer noch hat; wo er sie hat, ist für ihren Begriff gleichgültig, muß also auch für ihre Mithaftung gleichgültig bleiben. Entscheidend für die Beseitigung der Mithaftung ist eben nicht die Fortschaffung vom Gute, sondern ausschließlich ihre Veräußerung, ihr Uebergang in den Verkehr, das wohlerworbene Recht des Dritten an den zur Waare gewordenen Früchten. Aus diesem Grunde können wir auch die Ablehnung desjenigen Verbesserungsvorschlages nicht beklagen, wonach der Zusatz gestrichen und in den Passus von den Pertinentien übernommen, letzterer aber dahin gefaßt werden sollte:

> „das bewegliche, dem (eingetragenen) Eigenthümer gehörige Zubehör und die vorhandenen abgesonderten Früchte, so lange diese Gegenstände nicht zu Gunsten des dritten Besitzers von dem Grundstück räumlich getrennt worden sind.“

Im Wesentlichen richtig ist folgende Ausführung derer, welche diesen Vorschlag bekämpften: „Es wurde die materielle Richtigkeit des beantragten Satzes, insofern derselbe auf Früchte sich beziehe, nach bestehendem Rechte bestritten und dessen Verwerflichkeit behauptet. Die Vorlage schließe sich dem bisherigen Rechte an. Abgesonderte Früchte müßten dem freien Verfügungsrechte des Eigenthümers unterliegen; nur soweit dieselben gesetzliche Pertinenzqualität hätten (§. 49 I. 2 A. L.-R.), folgten sie den Regeln der beweglichen Zubehörstücke; darüber hinaus könne der Eigenthümer sie veräußern oder vom Grundstücke fortschaffen, ohne durch das Recht des Hypothekengläubigers gehindert zu sein; wolle dieser sich die Früchte in weiterem Umfange sichern, so müsse er vor der Separation eine Beschlagnahme erwirken; andernfalls könne er nur die zur Zeit der Zwangsvollstreckung (Beschlagnahme) vorhandenen, unveräußerten Früchte in Anspruch nehmen. Der Satz, welchen der Entwurf im §. 24 i. f. bezüglich der Veräußerung stehender Früchte aufstelle („Abtretungen 2c. 2c. und die Veräußerung stehender und hängender Früchte sind, soweit sie zum Nachtheil der eingetragenen Gläubiger gereichen, ohne Wirksamkeit"), gelte nicht für die abgesonderten Früchte; letztere entzögen sich dem dinglichen Rechte des Hypothekars durch Veräußerung oder durch Fortschaffung vom Gute; Verkäufe abgesonderter Früchte, welche vor der Beschlagnahme erfolgt seien, könne der Hypothekengläubiger nicht rückgängig machen (§§. 475. 476 I. 20 L.=R.). Der Antrag enthalte somit eine zu weit gehende Beschränkung des Eigenthümers. Jedoch empfehle, sich den Zeitpunkt, bis zu welchem der Eigenthümer freie Verfügung über diese Früchte habe, ausdrücklich zu fixiren und den Satz 5 zu fassen:

„die zur Zeit der Zwangsvollstreckung vorhandenen abgesonderten Früchte."

Daß diese Früchte noch unveräußert vorhanden sein müßten, brauche nicht gesagt zu werden, da es aus §. 24 des Entwurfs folge."

Auf die letzte Bemerkung, um dies sogleich zu erledigen, ist zu erwidern, daß jener Satz aus §. 24 nur mit dem nicht ohne Grund beargwohnten argumentum e contrario abzuleiten, es für die Praxis aber nicht eben tröstlich ist, zu dem richtigen Verständniß einer Bestimmung erst auf dem Umwege solcher Schlußfolgerungen, obenein aus einer *nachfolgenden* Bestimmung, gelangen zu können; besser ist es schon, sich von vornherein klar auszudrücken. Nicht zu billigen ist in der mitgetheilten Ausführung außerdem nur noch, daß der Eigenthümer geerntete Früchte auch durch bloße Fortschaffung von dem Gute dem Hypothekennexus entziehen könne; daß dies nicht bestehenden Rechtens ist, ergiebt die Erwägung, daß man in einer bloß räumlichen Veränderung eine *Verfügung* des Eigenthümers über die Früchte im Sinne des §. 476 I. 20 unmöglich finden kann. Abgesehen hiervon stimmen wir der Rechtsausführung überall bei und bemerken, daß der Kommissionsbericht einen Versuch sie zu widerlegen nicht enthält.

Außer den bei der Kommissionsberathung zur Sprache gebrachten Umständen giebt es noch einen, welcher den Zusatz in der Fassung des Entwurfs nicht ausreichend erscheinen läßt. Der §. 476 I. 20 läßt darüber keinen Zweifel, daß er sich nur auf die von dem *Eigenthümer* des Gutes geernteten Früchte bezieht, nicht etwa auf die von einem Pächter geernteten. Diese sich keineswegs von selbst verstehende Beschränkung ist unentbehrlich, da nach §. 23 des Entwurfs die Pachtzinse für mithaftend erklärt werden, man also nicht beabsichtigen kann, die als Aequivalent dafür dienenden Früchte auch mithaften zu lassen und dadurch dem Pächter zu entziehen. Außer dem Eigenthümer und dem Pächter kommt noch der Fruchterwerb des Nießbrauchers in Frage. Ist der Nießbrauch älter als die Hypothek, so kann der Gläubiger die dem Nießbraucher gehörigen Früchte nicht angreifen, ist umgekehrt die Hypothek älter, so kann der Gläubiger nicht durch Einräumung des Nießbrauches, bei welchem nicht wie bei der Pacht ein Geldäquivalent an Stelle der Frucht sich dem Gläubiger als Befriedigungsobjekt darbietet, an seiner Sicherheit Einbuße erleiden. Da diese Unterscheidung aber in der Natur der einander beschränkenden dinglichen Rechte liegt, so erscheint es nicht erforderlich, ihr im Gesetze besonderen Ausdruck zu geben, was ohnehin nur in einem langathmigen Satze geschehen könnte. Es wird daher genügen, nur die dem Pächter gehörigen Früchte auszunehmen.

Nach alledem würde der Zusatz unseres Erachtens dahin zu fassen sein:

> die abgesonderten, zur Zeit der Beschlagnahme noch unveräußerten Früchte, sofern sie nicht von einem Pächter des Grundstücks geerntet sind.

Druck von Eduard Weinberg in Berlin.

FSC
www.fsc.org
MIX
Papier | Fördert
gute Waldnutzung
FSC® C083411

Kolibri 360 GmbH
Ferdinand-Jühlke-Straße 7
99095 Erfurt, Deutschland
produktsicherheit@kolibri360.de